Jo Horstkotte

Risikobewertung für elektrische Geräte

Hinweis

Auf viele erläuternde Worte zum Thema „CE-Kennzeichnung" wurde verzichtet. Deshalb ist für CE-Neulinge mein Buch „CE-Zeichen für Chefs" quasi die Voraussetzung zum Verständnis.

Das Buch „CE-Zeichen für Chefs" beschreibt Anforderungen an alle Produkte, die von der CE-Kennzeichnungspflicht erfasst sind – also nicht nur die elektrischen Produkte, die in diesem Buch erfasst werden!

Impressum

Horstkotte, Jo

Titel: Risikobewertung für elektrische Geräte

Bibliografische Information der Deutschen Nationalbibliothek

Die Deutsche Nationalbibliothek verzeichnet diese Publikation in der Deutschen Nationalbibliografie; detaillierte bibliografische Daten sind im Internet über die Website http://dnb.d-nb.de abrufbar.

Bestelladresse, sofern nicht bei gängigen Internetanbietern oder im Buchhandel zu bekommen:

Jo Horstkotte, Bismarckstr. 18, D-76530 Baden-Baden

info@horstkotte.de,

www.ce-zeichen.de

Stand: Juli 2016

Copyright: 2016 Jo Horstkotte

Herstellung und Verlag:
BoD – Books on Demand, Norderstedt

ISBN 978-3-7412-8319-2

Lektorat: Angelika Kastner, M. A., Karlsruhe

Stichworte: CE-Kennzeichnung, elektrische Sicherheit, Risikobeurteilung, Risikobewertung, Risikoanalyse, Niederspannungsrichtlinie, Gefährdungen, EN ISO 14121, EN 60335 Haushaltsgerät.

Der Verfasser hat das Werk mit Sorgfalt erarbeitet, dennoch können Fehler nicht ausgeschlossen werden. In keinem Fall haften Verfasser oder Verlag für irgendwelche direkten oder indirekten Schäden, die sich aus der Anwendung dieser Informationen ergeben.

Das Werk ist urheberrechtlich geschützt. Alle Rechte vorbehalten. Diejenigen Bezeichnungen, die zugleich eingetragene Warenzeichen sind, wurden nicht besonders kenntlich gemacht. Es kann also aus dem Fehlen einer entsprechenden Markierung nicht geschlossen werden, dass die Bezeichnung ein freier Warenname ist. Ebenso wenig ist zu entnehmen, ob ein Patentschutz vorliegt.

Inhaltsverzeichnis

Hinweis..1
Einführung...5
Die neue Niederspannungsrichtlinie 2014/35/EU..6
Für Profis – Vertiefung und Formblatt...7
    Weiterführende Hinweise zu sicheren Steuerungen..9
Reihenfolge der Sicherheitstechnik...13
IP-Schutzart...14
    Entwicklungs-Prototypen..14
    Normenliste..15
    Beispiel für die Ausarbeitung...15
....15
Gefährdungen durch scharfe Kanten und Ecken..17
Gefährdungen durch Quetschen, Scheren oder Schneiden...............................18
Gefährdungen durch Erfassen, Einziehen, Fangen oder Aufwickeln und Lüfterräder. 19
Gefährdungen durch Stoß, Durchstich oder Einstich...20
Gefährdungen durch Reibung oder Abschürfung...21
Gefährdungen durch den Verlust der Standfestigkeit...22
Gefährdungen durch Herausschleudern von Teilen...23
Gefährdungen durch Rutschen, Stolpern oder Stürzen.....................................24
Gefährdungen durch Verbrennungen oder Verbrühungen.................................25
Gefährdungen durch (erzeugte) Kälte und Vibration..26
Gefährdungen durch Lärm..27
Gefährdungen durch Lichtbogen, Laserstrahlung oder ionisierende Strahlungsquellen
....28
Gefährdungen durch hochfrequente Strahlung und/oder Magnetfelder.............29
Gefährdungen durch Emissionen von Stoffen/Gasen..30
Gefährdungen durch Werkstoffe, die durch Feuer oder Explosion auftreten.....31
Gefährdungen durch mikrobiologische Stoffe...32
Gefährdungen durch ungenügende ergonomische Prinzipien...........................33
Gefährdungen durch notwendige persönliche Schutzausrüstung......................34
Gefährdungen durch unangepasste Beleuchtung..35
Gefährdungen durch Fehlverhalten..36
Gefährdungen durch Störung der Energieversorgung.......................................37

- Gefährdungen durch Versagen von Geräteteilen..38
- Gefährdungen durch Kombination von Gefährdungen...39
- Gefährdungen durch Ausfall von Bedienelementen..40
- Gefährdungen durch Fehler bei der Ableitung von Gasen.......................................41
- Gefährdungen durch fehlerhafte Wartung..42
- Dokumentation und Ausblick..43
- Literaturverzeichnis..44

Einführung

Da ich in den letzten Monaten sehr viele Anfragen bekommen habe, wie man eine Risikobewertung für elektrische Geräte, die keine Maschinen sind, durchführen kann, wurde diese sehr kurze Unterlage entworfen.

Beachten Sie auch den feinen Unterschied der Worte „Risikobewertung" entsprechend der Niederspannungsrichtlinie und „Risikobeurteilung" wie diese in der Maschinenrichtlinie genannt ist. Die Bewertung sehe ich als einfache Version der Beurteilung an; ausführlichere Definitionen dazu finden Sie in der Norm EN ISO 12100.

Den Nachweis der Einhaltung der Anforderungen der Niederspannungsrichtlinie führt man durch harmonisierte Normen. Das Regelwerk der Normen ist so dicht, dass man immer Normen findet, die zumindest weitgehend den Anwendungsbereich des Produkts abdecken. Oder anders gesagt: die Übereinstimmung (Konformität) mit der Niederspannungsrichtlinie wird immer mithilfe einer zur Niederspannungsrichtlinie als harmonisiert deklarierte Norm erfolgen.

Wenn Ihnen diese drei Sätze zu unverständlich sind, fehlt Ihnen Grundlagenwissen zur CE-Kennzeichnungspflicht.

Die in diesem Büchlein vorgestellte Form der Risikobewertung ersetzt nicht die Anwendung solcher harmonisierter Normen. Die Risikobewertung deckt den Fall ab, dass eine Norm inhaltlich zu dünn ist, also bestimmte Fragestellungen nicht erfasst. Gleichzeitig ist diese Risikobewertung eine hilfreiche Unterlage für viele Fragen, die ein Weiterverarbeiter Ihres Gerätes haben könnte - und wird deswegen oft von Firmen angefragt. Es gibt aber keine Pflicht, solche Unterlagen im Rahmen der Niederspannungsrichtlinie dem Kunden (auch bei B2B) zu geben.

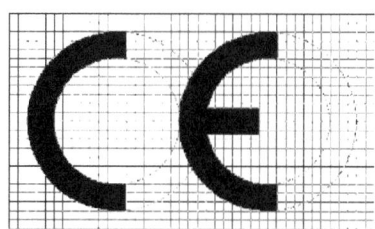

Die neue Niederspannungsrichtlinie 2014/35/EU

So ganz klein im Anhang III steht als Anforderung unter dem Stichwort „technische Dokumentation", dass diese Dokumentationen eine „geeignete Risikoanalyse und Risikobewertung" enthalten.

In den allermeisten Fällen haben Sie bzw. der Konstrukteur diese Risikobewertung mithilfe der angewendeten Normen schon durchgeführt, durch die neue Richtlinie 2014/35/EU wird aber ein umfassenderer Ansatz gefordert.

Einzelne Normen wie zum Beispiel EN 50370 zur EMV von Werkzeugmaschinen fordert eine theoretische Betrachtung möglicher Risiken. Es lässt sich aber derzeit nicht generell sagen, wann eine Risikobewertung unerlässlich ist und wie diese genau aus zu sehen hat. Praktiker neigen dazu, bei „dünnen" Normanforderungen, wenn zu vermuten ist, dass die genutzten Normen nicht alle denkbaren Gefährdungen abdecken, mit Hilfe einer Risikobewertung nachzuweisen, dass das Produkt sicher ist.

Die folgende Hilfestellung stammt aus dem Bereich der Maschinensicherheit nach EN ISO 14121 und listet typische Gefährdungen auf, die beim klassischen Einsatz von elektrotechnischen Normen möglicherweise nicht ausreichend berücksichtigt wurden und durch diese Risikobewertung erfasst werden.

Der Begriff Lebensphasen wurde aus der Maschinenrichtlinie entliehen, da er sehr leicht verständlich ist und eine leichtere Beschreibung ermöglicht. Viele Details werden über Hinweise in der Bedienungsanleitung gelöst!

Für Profis – Vertiefung und Formblatt

Wenn Sie es eilig haben, können Sie dieses Kapitel auch überspringen, denn es stellt nur eine Verbindung zu anderen Normen und eine Erweiterungsoption dar!

Für richtig gefährliche Geräte und Situationen lohnt sich ein Blick auf folgende Fragestellungen, die sich an das Formblatt anlehnen, welches in EN ISO/TR 14121-2 enthalten ist, ganz ähnlich aber auch in Normen wie EN 62061 etc. genannt ist.

Um nicht sinnloses Papier zu erzeugen, empfiehlt es sich, erst die nachfolgenden Seiten durch zu sehen, um danach für die möglichen wenigen wirklich denkbaren Gefahrenszenarien diese ausführlichere Methode anzuwenden.

Bei den im umfangreicheren Teil genannten Gefahren habe ich quasi zum Durchstreichen eine sehr stark verkürzte Version dieses Formblattes integriert.

Vermutlich kennen Sie aus Normen wie EN 954 (im letzten Jahrhundert gebräuchlich), der aktuellen EN ISO 13849 oder der im Maschinenbau üblichen EN 62061 eine Art Entscheidungsbaum, der nach den einleitenden Fragen hier nur textlich abgefragt wird:

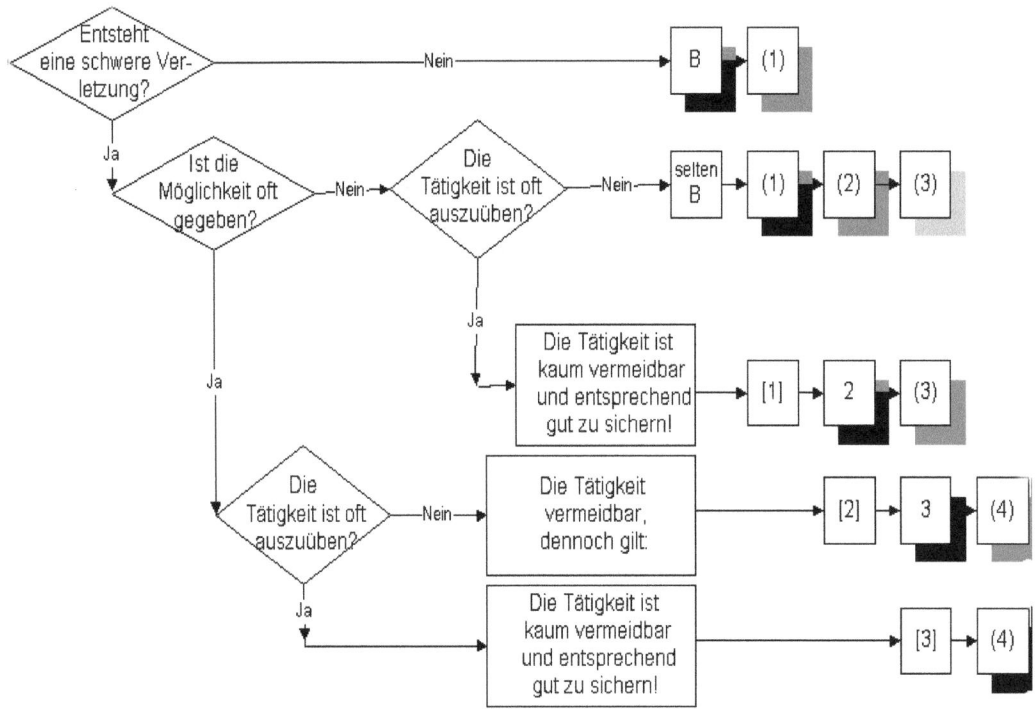

Die alte Norm EN 954 liefert als Ergebnis Kategorien B, 1, 2, 3 oder 4 mit 4 als höchstem Wert, was bedeutet, hier ist aufwändigste Sicherheitstechnik erforderlich.

Die aktuelle Betrachtungsweise nach EN ISO 13849 ergibt einen Performance-Level mit a als niedrigstem und e als höchstem Wert, wobei e dann aufwändigste Sicherheitstechnik bedeutet. Diese aktuelle Norm behandelt endlich die Zuverlässigkeit solcher Steuerungen!

Weiterführende Informationen finden Sie sehr leicht bei entsprechenden Steuerungslieferanten und im Internet.

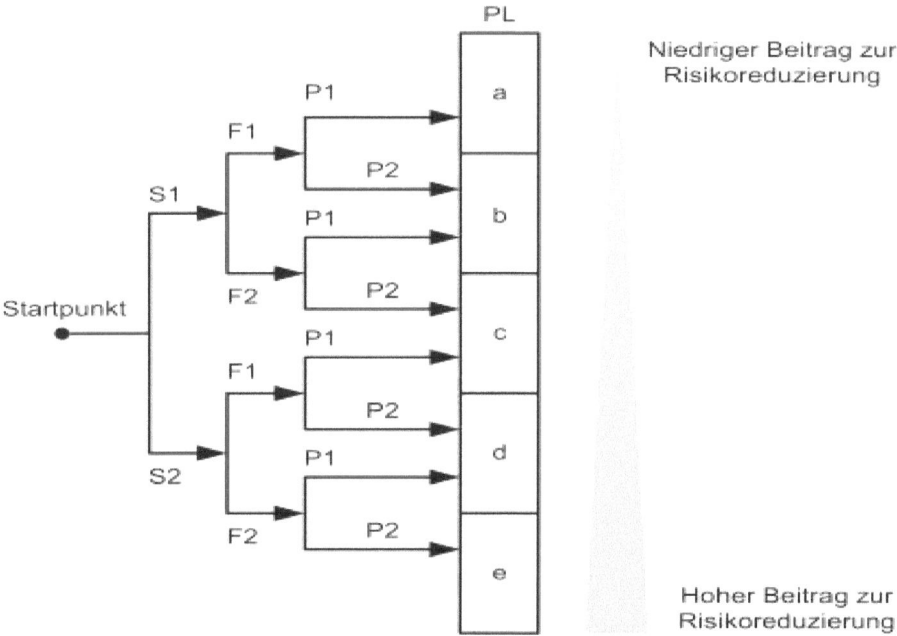

Weiterführende Hinweise zu sicheren Steuerungen

Wer mehr dazu wissen möchte, findet viele Hinweise mit den Stichworten „Maschinenrichtlinie" und „Maschinensicherheit". Denken Sie aber daran, dass elektrische Sicherheit anders ist, da man viele Fehler vorher vermeiden muss, denn es genügt einmal ein tödlicher Stromschlag, um Sie als Konstrukteur still werden zu lassen. Nicht ohne Grund wird Elektrikern als Erstes das Besichtigen der Geräte beigebracht!

Bei Maschinen sind sehr viel mehr mechanische Gefahren mit allen Abstufungen zu erwarten; entsprechend wird die Maschine oft erst eingeschaltet und ausprobiert – eine ganz andere Art des Vorgehens!

Eine dezent andere Denkweise findet sich bei sicherheitsrelevanten elektrischen Schaltungen z. B. für Pressensteuerungen. Da hier sehr viel sehr gut aufbereitetes Material von den Steuerungsherstellern angeboten wird, möchte ich darauf hinweisen!

Damit nun zu einem Formblatt für Praktiker zum zügigen Beschreiben der Gefahren:

Angaben zum Produkt und Version:		Firmenname/ Firmenlogo
Bearbeitungsdatum: Bearbeitet von:		$C\epsilon$ In Anlehnung an ISO 14121-2

Die folgende Gefährdung besteht an folgender Stelle:	entsteht in der Lebensphase (ggf. streichen): • Transport, • Aufbau, • erste Inbetriebnahme, • Normalbetrieb, • Wartung, • Reinigung, • Abbau und/oder Entsorgung.

Verletzungsart (S)	Punkte
Tod, Verlust von Gliedmaßen oder Auge	4
dauerhafter Verlust von Fingern oder Gliedmaßen	3
reversible Verletzung (Erste Hilfe notwendig, ggf. mit medizinischer Versorgung)	2
einfache Verletzung (nach wenigen Minuten vergessen)	1

Häufigkeit des Auftretens der Gefahr **(F)**	Punkte
Jede Stunde oder häufiger	5
Stündlich bis täglich	4
Täglich bis zweiwöchentlich	3
zweiwöchentlich bis mindestens jährlich	2
Seltener als einmal im Jahr	1

Die Wahrscheinlichkeit dieser Gefahr ist (P)	Punkte
sehr hoch	5
hoch	4
mittel	3
gering	2
vernachlässigbar	1

Die Möglichkeit, diese Gefahr zu vermeiden oder dieser Gefahr aus zu weichen ist (A)	Punkte
nicht möglich	5
möglich	3
wahrscheinlich	1

Die Summierung der obigen Punkte in diesem Fall ergibt im Fall von	5-7 Punkte	8-10 Punkte	11-13 Punkte	14-15 Punkte
Tod, Verlust von Gliedmaßen oder Auge	nicht akzeptabel			
dauerhafter Verlust von Fingern	mittleres Risiko	nicht akzeptabel		
reversible Verletzung	akzeptabel	mittleres Risiko	nicht akzeptabel	
einfache Verletzung	akzeptabel	akzeptabel	mittleres Risiko	nicht akzeptabel

Ihr Ergebnis:

Weitere Informationen zu dieser Art von Risikoeinschätzung finden Sie in der Norm ISO 14121-2.

Diese Gefährdung ist

O ohne weitere Maßnahmen akzeptabel.

O erst nach weiteren Maßnahmen in einem akzeptablen Bereich.

O erst nach weiteren Maßnahmen in einem tolerablen Bereich, weitere Maßnahmen sollten vorgesehen werden.

Reihenfolge der Sicherheitstechnik

An dieser Stelle muss ich darauf hinweisen, dass für sichere Produkte, die Vorgabe in der Reihenfolge

      1. eigensichere Konstruktion vor

      2. konstruktive Sicherheit wie Schutzabdeckungen vor

      3. hinweisender Sicherheitstechnik

in der EU bindend ist.

Es kann also nicht eine (z. B. aus monetären Gründen) einfach eine Abdeckung einer Gefahrenstelle durch einen Warnhinweis ersetzt werden!

Typische Warnhinweise sind diese Bildchen, die Sie bei den Unterlagen der Berufsgenossenschaften erklärt bekommen. Dort finden Sie auch weitere Hinweise.

IP-Schutzart

Die IP-Schutzart ist in vielen Normen vorgegeben, d. h. nie schlechter als IP 20; bei Geräten mit gefährlicher Spannung wird mindestens IP 42 erwartet. Falls Sie hierzu Fragen oder den Wunsch nach Prüfsonden haben, mailen Sie mich bitte an!

Diese Prüfsonden haben den „Riesenvorteil", dass der Konstrukteur sofort den Schwachpunkt der Konstruktion zeigen kann, also nicht nur theoretisch beschreibt!

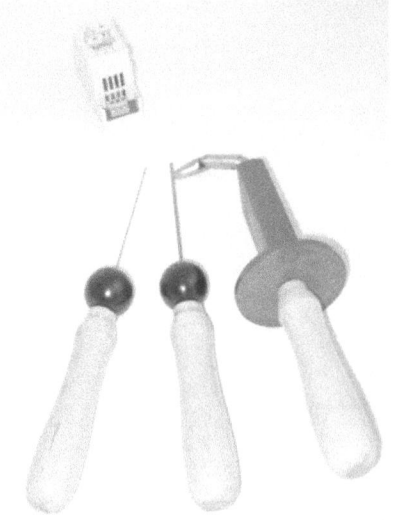

Entwicklungs-Prototypen

Und noch ein Hinweis: bei der Entwicklung sind oft Aufbauten erforderlich, die noch nicht ausreichend sicher sind. Hier sind zusätzliche organisatorische Maßnahmen erforderlich, damit trotz der Vorsicht des Mitarbeiters denkbare Unfälle geringst möglich ausfallen. Technische Schutzmaßnahmen sind oft nur begrenzt möglich, vom Not-Aus über isolierende Fußmatten bis zur Abschrankung aber oft leicht und wirkungsvoll einzusetzen. Diese „Theatralik" hilft auch als Schutz gegen Außenstehende, die mal eben etwas klären möchten!

Mehr dazu auch bei den Berufsgenossenschaften, die viele Informationen dazu anbieten! Beachten Sie dabei den Stand der Technik und das zurzeit technisch übliche Maß an Sicherheit!

Normenliste

Auf den folgenden Seiten 11 bis 37 finden Sie die von mir vorgeschlagene einfache Art der Risikobewertung. Sie können diese gerne ausweiten, sollten aber das Ziel, eben alle Gefahren ermitteln, bewerten und ggf. weiter verringern, nicht aus dem Blick verlieren.

Hilfreich ist eine Liste der teilweise oder vollständig angewendeten Normen und Vorschriften – oft ist diese schon vorhanden, denn ist es eine gute Vorlage für die Angaben in der Konformitätserklärung des Produktes.

Beispiel für die Ausarbeitung

Auf der folgenden Seite ist ein einfaches Beispiel einer Gefährdung dargestellt. Interessant ist der typische Fall, dass die Konstruktion gut ist und nicht geändert werden muss, dennoch ein Restrisiko besteht, auf das man in der Bedienungsanleitung hinweisen sollte: in diesem Fall das Aufstellen des Geräts nur auf ebenen Flächen. Wer es ganz genau nimmt, hätte hier bei der Lebensphase auch „Einrichten" ankreuzen können.

Ziel dieser Risikobewertung ist, mögliche Gefahren zu ermitteln, die bislang übersehen worden sind!

Beispielseite für einen Ventilator

Angenommen, Sie würden für den nebenstehenden Ventilator das Formblatt ausfüllen, dann müssten Sie auch den hier als Beispiel genannten Punkt „Standfestigkeit" bearbeiten.

Das könnte so aussehen:

Gefährdungen durch den Verlust der Standfestigkeit

O   Nicht relevant

X   Relevant/zutreffend an folgender Stelle am Gerät: Wichtig, denn im Betrieb darf der Ventilator nicht einfach umfallen oder sich fortbewegen (z. B. durch eine Unwucht).

Möglichen Ort oder Stelle am Gerät beschreiben: gesamtes Produkt

in der Lebensphase	theoretisch denkbare Folge:
O Einrichten	~~leichte oder schwere Verletzung~~
X Normalbetrieb	leichte ~~oder schwere Verletzung~~
O Reinigung	~~leichte oder schwere Verletzung~~
O Wartung oder Reparatur	~~leichte oder schwere Verletzung~~

Die Gefährdung ist minimiert durch:

    X   Konstruktion, die diese Gefahr vermeidet.   Ja, Ventilator steht auch auf schrägen Böden bis 15 Grad Neigung. Ein Hinweis auf Aufstellung auf ebenen Flächen wird in die Bedienungsanleitung aufgenommen!

    O   Abdeckung/Isolation, konstruktiv vermieden (Stelle nur mit Werkzeug erreichbar).

    X   Durch Warnhinweise am Gerät und in der Bedienungsanleitung auf sicheres Maß verringert.

Ergebnis: X Die Gefährdung ist auf ein sicheres Maß verringert.

    O Das Gerät ist nicht ce-konform. Das Gerät kann so nicht verkauft werden; weitere Arbeiten sind erforderlich!

Gefährdungen durch scharfe Kanten und Ecken

(leichte Handverletzungen schon bei normaler Benutzung oder Tragen des Geräts)

O Nicht relevant

O Zu bearbeiten (normalerweise abgefragt durch die anzuwendende Norm)

Möglichen Ort oder Stelle am Gerät beschreiben:

in der Lebensphase   theoretisch denkbare Folge:

O Einrichten   leichte oder schwere Verletzung

O Normalbetrieb   leichte oder schwere Verletzung

O Reinigung   leichte oder schwere Verletzung

O Wartung oder Reparatur   leichte oder schwere Verletzung

Die Gefährdung ist minimiert durch:

    O verbesserte Konstruktion, die diese Gefahr vermeidet

    O Abdeckung/Isolation/konstruktiv vermieden (Stelle nur mit Werkzeug erreichbar)

    O Warnhinweise am Gerät und in der Bedienungsanleitung.

Ergebnis: O Die Gefährdung ist auf ein sicheres Maß verringert.

           O Das Gerät ist nicht ce-konform. Das Gerät kann so nicht verkauft werden; weitere Arbeiten sind erforderlich!

Hinweis: Diese sehr banale Forderung nach handschmeichelnden Geräten sollte jeder Konstrukteur umsetzen, auch für Bereiche, die nur zu Wartungszwecken erreichbar sein sollen. Übrigens müssen Leitungen im Geräteinneren auch so verlegt werden, dass diese nicht scheuern oder gar durchtrennt werden, wenn das Gerät transportiert oder bewegt wird!

Gefährdungen durch Quetschen, Scheren oder Schneiden

O Nicht relevant

O Relevant/zutreffend an folgender Stelle am Gerät:

in der Lebensphase   theoretisch denkbare Folge:

O Einrichten   leichte oder schwere Verletzung

O Normalbetrieb   leichte oder schwere Verletzung

O Reinigung   leichte oder schwere Verletzung

O Wartung oder Reparatur   leichte oder schwere Verletzung

Die Gefährdung ist minimiert durch:

    O Konstruktion, die diese Gefahr vermeidet

    O Abdeckung/Isolation, konstruktiv vermieden (Stelle nur mit Werkzeug erreichbar)

    O Warnhinweise am Gerät und in der Bedienungsanleitung auf sicheres Maß verringert

Ergebnis: O Die Gefährdung ist auf ein sicheres Maß verringert.

    O Das Gerät ist nicht ce-konform. Das Gerät kann so nicht verkauft werden; weitere Arbeiten sind erforderlich!

Hinweise: diese Gefährdung wird, da der vorherige Punkt bereits scharfe Kanten abgefragt hat, in der Praxis meist nur bei sich bewegenden Messern oder kraftbetätigten Dingen abgefragt; eine CD-Schublade sollte z.B. immer nur sehr geringe Kräfte aufweisen!

Gefährdungen durch Erfassen, Einziehen, Fangen oder Aufwickeln und Lüfterräder

O   Nicht relevant

O   Relevant/zutreffend an folgender Stelle am Gerät:

in der Lebensphase   theoretisch denkbare Folge:

O Einrichten   leichte oder schwere Verletzung

O Normalbetrieb   leichte oder schwere Verletzung

O Reinigung   leichte oder schwere Verletzung

O Wartung oder Reparatur   leichte oder schwere Verletzung

Die Gefährdung ist minimiert durch:

       O   Konstruktion, die diese Gefahr vermeidet

       O   Abdeckung / Isolation, konstruktiv vermieden (Stelle nur mit Werkzeug erreichbar)

       O   Warnhinweise am Gerät und in der Bedienungsanleitung auf sicheres Maß verringert

Ergebnis: O Die Gefährdung ist auf ein sicheres Maß verringert.

           O Das Gerät ist nicht ce-konform. Das Gerät kann so nicht verkauft werden; weitere Arbeiten sind erforderlich!

Hinweise: *die ungewöhnliche Auflistung Erfassen, Aufwickeln oder Lüfterräder soll darauf hinweisen, daß es bei Wellen oder auch bei Lüftern immer wieder Probleme geben kann, die manchmal durch ungewöhnliche Normvorgaben schon beschrieben sind. So enthält die aktuelle EN 60950 für PC-Lüfter genaue Vorgaben, wann ein solcher Lüfter wegen der Multiplikation von Lüfterradgewicht und Durchmesser sowie Umdrehungszahl abgedeckt werden muss und bis wohin nicht!*

Gefährdungen durch Stoß, Durchstich oder Einstich

O   Nicht relevant

O   Relevant/zutreffend an folgender Stelle am Gerät:

in der Lebensphase	theoretisch denkbare Folge:
O Einrichten	leichte oder schwere Verletzung
O Normalbetrieb	leichte oder schwere Verletzung
O Reinigung	leichte oder schwere Verletzung
O Wartung oder Reparatur	leichte oder schwere Verletzung

Die Gefährdung ist minimiert durch:

    O   Konstruktion, die diese Gefahr vermeidet.

    O   Abdeckung / Isolation, konstruktiv vermieden (Stelle nur mit Werkzeug erreichbar)

    O   Warnhinweise am Gerät und in der Bedienungsanleitung auf sicheres Maß verringert

Ergebnis: O Die Gefährdung ist auf ein sicheres Maß verringert.

    O Das Gerät ist nicht ce-konform. Das Gerät kann so nicht verkauft werden; weitere Arbeiten sind erforderlich!

Hinweise: der Titel ist wieder eine Zusammenfassung, möglicherweise müssen Sie hier mehrfach Angaben erstellen!

Gefährdungen durch Reibung oder Abschürfung

O   Nicht relevant

O   Relevant/zutreffend an folgender Stelle am Gerät:

in der Lebensphase			theoretisch denkbare Folge:

O Einrichten				leichte oder schwere Verletzung

O Normalbetrieb			leichte oder schwere Verletzung

O Reinigung				leichte oder schwere Verletzung

O Wartung oder Reparatur		leichte oder schwere Verletzung

Die Gefährdung ist minimiert durch:

- O verbesserte Konstruktion, die diese Gefahr vermeidet
- O Abdeckung / Isolation, konstruktiv vermieden (Stelle nur mit Werkzeug erreichbar)
- O Warnhinweise am Gerät.

Ergebnis: O Die Gefährdung ist auf ein sicheres Maß verringert.

O Das Gerät ist nicht ce-konform. Das Gerät kann so nicht verkauft werden; weitere Arbeiten sind erforderlich!

Hinweise: gemeint sind hier drehende Bewegungen oder auch Bändern, nicht aber die Verletzung durch das Tragen oder Umwerfen von Produkten!

Gefährdungen durch den Verlust der Standfestigkeit

O   Nicht relevant

O   Relevant/zutreffend an folgender Stelle am Gerät:

in der Lebensphase   theoretisch denkbare Folge:

O Einrichten   leichte oder schwere Verletzung

O Normalbetrieb   leichte oder schwere Verletzung

O Reinigung   leichte oder schwere Verletzung

O Wartung oder Reparatur   leichte oder schwere Verletzung

Die Gefährdung ist minimiert durch:

    O   verbesserte Konstruktion, die diese Gefahr vermeidet

    O   Abdeckung / Isolation, konstruktiv vermieden (Stelle nur mit Werkzeug erreichbar)

    O   Durch Warnhinweise am Gerät und in der Bedienungsanleitung auf sicheres Maß verringert

Ergebnis: O Die Gefährdung ist auf ein sicheres Maß verringert.

    O Das Gerät ist nicht ce-konform. Das Gerät kann so nicht verkauft werden; weitere Arbeiten sind erforderlich!

Hinweis: *Diese Forderung nach einem standfestem Gerät ist in allen gängigen Normen enthalten. Üblicherweise wird als Vergleichsbespiel eine Getränkeflasche, die auf einer um 10 Grad geneigten Schräge steht, heran gezogen, denn die Flasche darf nicht umfallen. Bei vielen Geräten sind in der Praxis Befestigungsmöglichkeiten bereits vorgesehen!*

Die EN 60065 enthält zahlreiche Vorgaben, wie sehr nicht nur TV-Geräte fest anzubringen sind, damit im Gebrauch keine Unfälle passieren!

Gefährdungen durch Herausschleudern von Teilen

O   Nicht relevant

O   Relevant/zutreffend an folgender Stelle am Gerät:

in der Lebensphase   theoretisch denkbare Folge:

O Einrichten   leichte oder schwere Verletzung

O Normalbetrieb   leichte oder schwere Verletzung

O Reinigung   leichte oder schwere Verletzung

O Wartung oder Reparatur   leichte oder schwere Verletzung

Die Gefährdung ist minimiert durch:

- O   verbesserte Konstruktion, die diese Gefahr vermeidet

- O   Abdeckung / Isolation, konstruktiv vermieden (Stelle nur mit Werkzeug erreichbar)

- O   Durch Warnhinweise am Gerät und in der Bedienungsanleitung auf sicheres Maß verringert

Ergebnis: O Die Gefährdung ist auf ein sicheres Maß verringert.

O Das Gerät ist nicht ce-konform. Das Gerät kann so nicht verkauft werden; weitere Arbeiten sind erforderlich!

Hinweis: *schon für CD-Laufwerke von PC´s gibt es in Normen wie EN 60950 Vorgaben, wie diese Stellen zu sichern sind (Gehäuse). Das Thema ist so alltäglich, dass viele Stellen nicht mehr erkannt werden!*

Gefährdungen durch Rutschen, Stolpern oder Stürzen

O   Nicht relevant

O   Relevant/zutreffend an folgender Stelle am Gerät:

in der Lebensphase   theoretisch denkbare Folge:

O Einrichten   leichte oder schwere Verletzung

O Normalbetrieb   leichte oder schwere Verletzung

O Reinigung   leichte oder schwere Verletzung

O Wartung oder Reparatur   leichte oder schwere Verletzung

Die Gefährdung ist minimiert durch:

        O   verbesserte Konstruktion, die diese Gefahr vermeidet

        O   Abdeckung / Isolation, konstruktiv vermieden (Stelle nur mit Werkzeug erreichbar)

        O   Durch Warnhinweise am Gerät und in der Bedienungsanleitung auf sicheres Maß verringert

Ergebnis: O Die Gefährdung ist auf ein sicheres Maß verringert.

                   O Das Gerät ist nicht ce-konform. Das Gerät kann so nicht verkauft werden; weitere Arbeiten sind erforderlich!

Hinweise: *diese Forderungen sind eigentlich nur bei ortsfesten Geräten relevant. Bei mobilen Geräten sind sehr oft Normen mit verpflichtend anzugebenden Hinweisen vorhanden, so dass diese Gefahr eher selten gesondert zu behandeln ist!*

Gefährdungen durch Verbrennungen oder Verbrühungen

Genauer gefasst: Berührung von Gegenständen oder Materialien mit extremer Temperatur sowie Flammen oder Explosionen und <u>Strahlung von Wärmequellen</u>

O   Nicht relevant

O   Relevant/zutreffend an folgender Stelle am Gerät:

in der Lebensphase	theoretisch denkbare Folge:
O Einrichten	leichte oder schwere Verletzung
O Normalbetrieb	leichte oder schwere Verletzung
O Reinigung	leichte oder schwere Verletzung
O Wartung oder Reparatur	leichte oder schwere Verletzung

Die Gefährdung ist minimiert durch:

    O   verbesserte Konstruktion, die diese Gefahr vermeidet

    O   Abdeckung / Isolation, konstruktiv vermieden (Stelle nur mit Werkzeug erreichbar)

    O   Durch Warnhinweise am Gerät und in der Bedienungsanleitung auf sicheres Maß verringert.

Ergebnis: O Die Gefährdung ist auf ein sicheres Maß verringert.

    O Das Gerät ist nicht ce-konform. Das Gerät kann so nicht verkauft werden; weitere Arbeiten sind erforderlich!

Hinweise: die Normen haben sehr oft genaue Temperaturvorgaben, die hier in Abhängigkeit von der Oberfläche zu berücksichtigen sind, so sind oft bis zu 85 Grad und mehr möglich. *Faustformel: alles über 55 Grad Celsius ansehen* und bewerten bzw. erläutern!

Gefährdungen durch (erzeugte) Kälte und Vibration

(die nicht logische Verknüpfung folgt nur dem Wunsch, wenige Punkte ab zu arbeiten)

O   Nicht relevant

O   Relevant/zutreffend an folgender Stelle am Gerät:

in der Lebensphase   theoretisch denkbare Folge:

O Einrichten   leichte oder schwere Verletzung

O Normalbetrieb   leichte oder schwere Verletzung

O Reinigung   leichte oder schwere Verletzung

O Wartung oder Reparatur   leichte oder schwere Verletzung

Die Gefährdung ist minimiert durch:

    O   verbesserte Konstruktion, die diese Gefahr vermeidet

    O   Abdeckung / Isolation, konstruktiv vermieden (Stelle nur mit Werkzeug erreichbar)

    O   Durch Warnhinweise am Gerät und in der Bedienungsanleitung auf sicheres Maß verringert

Ergebnis: O Die Gefährdung ist auf ein sicheres Maß verringert.

        O Das Gerät ist nicht ce-konform. Das Gerät kann so nicht verkauft werden; weitere Arbeiten sind erforderlich!

Hinweis:

- metallische Stellen, die durch Kühlung auf unter null Grad und damit zum festfrieren führen können, müssen gesichert sein.

- Vibrationen sind nicht nur fühl- und hörbar, sondern belasten den Geräteaufbau stark und erfordern bessere Konstruktionen!

Gefährdungen durch Lärm

Typische Folgen: Beeinträchtigung der Sprachkommunikation, dem Erkennen von Warnsignalen und Gehörschädigung

O   Nicht relevant

O   Relevant/zutreffend an folgender Stelle am Gerät:

in der Lebensphase   theoretisch denkbare Folge:

O Einrichten   leichte oder schwere Verletzung

O Normalbetrieb   leichte oder schwere Verletzung

O Reinigung   leichte oder schwere Verletzung

O Wartung oder Reparatur   leichte oder schwere Verletzung

Die Gefährdung ist minimiert durch:

    O   verbesserte Konstruktion, die diese Gefahr vermeidet

    O   Abdeckung / Isolation, konstruktiv vermieden (Stelle nur mit Werkzeug erreichbar)

    O   Durch Warnhinweise am Gerät und in der Bedienungsanleitung auf sicheres Maß verringert

Ergebnis: O Die Gefährdung ist auf ein sicheres Maß verringert.

    O Das Gerät ist nicht ce-konform. Das Gerät kann so nicht verkauft werden; weitere Arbeiten sind erforderlich!

Hinweis: im Titel steht schon „Sprachkommunikation", wenn Sie aber wollen, können Sie auch (nochmals) entsprechend der EN 60950 die maximalen Ausgangsspannungen an Kopfhörerausgängen berücksichtigen, um bei Ohrhörergebrauch keine Gehörschäden auszulösen!

Gefährdungen durch Lichtbogen, Laserstrahlung oder ionisierende Strahlungsquellen

O Nicht relevant

O Relevant/zutreffend an folgender Stelle am Gerät:

in der Lebensphase	theoretisch denkbare Folge:
O Einrichten	leichte oder schwere Verletzung
O Normalbetrieb	leichte oder schwere Verletzung
O Reinigung	leichte oder schwere Verletzung
O Wartung oder Reparatur	leichte oder schwere Verletzung

Die Gefährdung ist minimiert durch:

    O verbesserte Konstruktion, die diese Gefahr vermeidet

    O Abdeckung / Isolation, konstruktiv vermieden (Stelle nur mit Werkzeug erreichbar)

    O Durch Warnhinweise am Gerät und in der Bedienungsanleitung auf sicheres Maß verringert

Ergebnis: O Die Gefährdung ist auf ein sicheres Maß verringert.

             O nicht ce-konform,, Gerät kann so nicht an Kunden gegeben werden, weitere Arbeiten erforderlich

Hinweis: zu diesem Bereich gibt es verbindliche Vorgaben der Berufsgeossenschaften und sehr viel informatives Material, welches die Verweise auf die Grenzwerte und deren Quellen enthält!

Wer Laser einbaut, hat Angaben entsprechend EN 60825 an zu geben, das sind diese Aufkleber mit „Laser Klasse 1 – nicht in den Strahl blicken" etc., die genau festgelegt sind!

Gefährdungen durch hochfrequente Strahlung und/oder Magnetfelder

O   Nicht relevant

O   Relevant/zutreffend an folgender Stelle am Gerät:

in der Lebensphase	theoretisch denkbare Folge:
O Einrichten	leichte oder schwere Verletzung
O Normalbetrieb	leichte oder schwere Verletzung
O Reinigung	leichte oder schwere Verletzung
O Wartung oder Reparatur	leichte oder schwere Verletzung

Die Gefährdung ist minimiert durch:

    O   verbesserte Konstruktion, die diese Gefahr vermeidet

    O   Abdeckung / Isolation, konstruktiv vermieden (Stelle nur mit Werkzeug erreichbar)

    O   Durch Warnhinweise am Gerät und in der Bedienungsanleitung auf sicheres Maß verringert (bitte in der EU übliche Zeichen verwenden, wie von den Berufsgenossenschaften publiziert)

Ergebnis: O Die Gefährdung ist auf ein sicheres Maß verringert.

    O Das Gerät ist nicht ce-konform. Das Gerät kann so nicht verkauft werden; weitere Arbeiten sind erforderlich!

Hinweis: entsprechende Grenzwerte sind im BimSchG festgelegt, die leichter lesbaren Angaben dazu finden sich in den Unterlagen der Berufsgenossenschaften. Wichtig ist die Angabe, wer wie nach an der Strahlungsquellen sich aufhalten muss!

Bei Sendeanlagen, auch wenn es sich nur um WLAN oder ähnliche Minisender handelt, sind entsprechende Risikobetrachtungen zwingend durch die RED-Richtlinie vorgegeben!

Gefährdungen durch Emissionen von Stoffen/Gasen

Gemeint sind der Kontakt mit giftigen Flüssigkeiten, Gasen, Nebeln, Dämpfen oder Stäuben, die bei der Benutzung des Gerätes auftreten.

O **Nicht relevant**

O Relevant/zutreffend an folgender Stelle am Gerät:

in der Lebensphase				theoretisch denkbare Folge:

O Einrichten					leichte oder schwere Verletzung

O Normalbetrieb				leichte oder schwere Verletzung

O Reinigung					leichte oder schwere Verletzung

O Wartung oder Reparatur			leichte oder schwere Verletzung

Die Gefährdung ist minimiert durch:

    O	verbesserte Konstruktion, die diese Gefahr vermeidet

    O	Abdeckung / Isolation, konstruktiv vermieden

    O	Durch Warnhinweise am Gerät und in der Bedienungsanleitung auf sicheres Maß verringert

Ergebnis: O Die Gefährdung ist auf ein sicheres Maß verringert.

              O Das Gerät ist nicht ce-konform. Das Gerät kann so nicht verkauft werden; weitere Arbeiten sind erforderlich!

Hinweis: entsprechende Grenzwerte sind im BimSchG festgelegt, die leichter lesbaren Angaben dazu finden sich in den Unterlagen der Berufsgenossenschaften. Bei einigen Gewerken sind Grenzwerte auch in Normen enthalten, wie diese im zum Beispiel im Maschinenbau genutzt werden.

Gefährdungen durch Werkstoffe, die durch Feuer oder Explosion auftreten

O   **Nicht relevant**

O   Relevant/zutreffend an folgender Stelle am Gerät:

Möglichen Ort oder Stelle am Gerät beschreiben:

in der Lebensphase   theoretisch denkbare Folge:

O Einrichten   leichte oder schwere Verletzung

O Normalbetrieb   leichte oder schwere Verletzung

O Reinigung   leichte oder schwere Verletzung

O Wartung oder Reparatur   leichte oder schwere Verletzung

Die Gefährdung ist minimiert durch:

- O   verbesserte Konstruktion, die diese Gefahr vermeidet
- O   Abdeckung / Isolation, konstruktiv vermieden
- O   Durch Warnhinweise am Gerät und in der Bedienungsanleitung auf sicheres Maß verringert

Ergebnis: O Die Gefährdung ist auf ein sicheres Maß verringert.

O Das Gerät ist nicht ce-konform. Das Gerät kann so nicht verkauft werden; weitere Arbeiten sind erforderlich!

Hinweis: *Hintergrund ist auch die Überlegung, was passiert, wenn ein Gerät in einem begrenztem Bereich brennt – was nicht so ungewöhnlich ist, wie es sich zunächst anhört. Auch gibt es Anwendungsfälle, in denen z. B. Leitungen mit speziellen Brand- bzw. Wärme-eigenschaften einzusetzen sind.*

Gefährdungen durch mikrobiologische Stoffe

Gemeint sich mikrobiologische oder biologische Gefahren, die in Zusammenhang mit der Benutzung des Gerätes auftreten könnten.

O **Nicht relevant**

O Relevant/zutreffend an folgender Stelle am Gerät:

in der Lebensphase   theoretisch denkbare Folge:

O Einrichten   leichte oder schwere Verletzung

O Normalbetrieb   leichte oder schwere Verletzung

O Reinigung   leichte oder schwere Verletzung

O Wartung oder Reparatur   leichte oder schwere Verletzung

Die Gefährdung ist minimiert durch:

     O   verbesserte Konstruktion, die diese Gefahr vermeidet

     O   Abdeckung / Isolation, konstruktiv vermieden (Stelle nur mit Werkzeug erreichbar)

     O   Durch Warnhinweise am Gerät und in der Bedienungsanleitung auf sicheres Maß verringert

Ergebnis: O Die Gefährdung ist auf ein sicheres Maß verringert.

              O Das Gerät ist nicht ce-konform. Das Gerät kann so nicht verkauft werden; weitere Arbeiten sind erforderlich!

Hinweis:

Diese Gefahren werden in Normen wie EN 60335 und deren Teile 2 oft sehr ausführlich beschrieben. Für Werkzeugmaschinen existieren ebenfalls Normvorgaben.

Gefährdungen durch ungenügende ergonomische Prinzipien

Gemeint sind Anforderungen nach leichter und sinnvoller Bedienung, also keine Verrenkungen, um einen Schalter zu erreichen wie auch die Vermeidung übermäßiger Körperanstrengung.

O **Nicht relevant**

O Relevant/zutreffend an folgender Stelle am Gerät:

in der Lebensphase	theoretisch denkbare Folge:
O Einrichten	leichte oder schwere Verletzung
O Normalbetrieb	leichte oder schwere Verletzung
O Reinigung	leichte oder schwere Verletzung
O Wartung oder Reparatur	leichte oder schwere Verletzung

Die Gefährdung ist minimiert durch:

    O   verbesserte Konstruktion, die diese Gefahr vermeidet

    O   Abdeckung / Isolation, konstruktiv vermieden (Stelle nur mit Werkzeug erreichbar)

    O   Durch Warnhinweise am Gerät und in der Bedienungsanleitung auf sicheres Maß verringert

Ergebnis: O Die Gefährdung ist auf ein sicheres Maß verringert.

    O Das Gerät ist nicht ce-konform. Das Gerät kann so nicht verkauft werden; weitere Arbeiten sind erforderlich!

Hinweis:

Hier sind Normen nur begrenzt hilfreich, vielmehr sind arbeitswissenschaftliche Prinzipien eine gute Quelle zur Vermeidung solcher Dinge. Achtung: die Erkenntnisse wandeln sich relativ rasch, nutzen Sie Vorgaben und Informationen aus diesem Jahrhundert!

Gefährdungen durch notwendige persönliche Schutzausrüstung

Bestimmte Geräte müssen mit persönlicher Schutzausrüstung, kurz PSA, bedient werden, wobei diese PSA oft das taktile Empfinden stark beeinflusst und auch die Erkennung von Signalen beeinträchtigt. Damit steigt das Risiko von Fehlbedienungen!

O   Nicht relevant

O   Relevant/zutreffend an folgender Stelle am Gerät:

in der Lebensphase	theoretisch denkbare Folge:
O Einrichten	leichte oder schwere Verletzung
O Normalbetrieb	leichte oder schwere Verletzung
O Reinigung	leichte oder schwere Verletzung
O Wartung oder Reparatur	leichte oder schwere Verletzung

Die Gefährdung ist minimiert durch:

    O   verbesserte Konstruktion, die diese Gefahr vermeidet

    O   Abdeckung / Isolation, konstruktiv vermieden (Stelle nur mit Werkzeug erreichbar)

    O   Durch Warnhinweise am Gerät und in der Bedienungsanleitung auf sicheres Maß verringert

Ergebnis: O Die Gefährdung ist auf ein sicheres Maß verringert.

    O Das Gerät ist nicht ce-konform. Das Gerät kann so nicht verkauft werden; weitere Arbeiten sind erforderlich!

Hinweise: bei B2B-Geräten wissen oft schon die Sicherheitsfachkräfte des Kunden, ob die PSA korrekt ausgewählt wurde. Bei Endkundengeräten („Consumer") sollten Sie überlegen, ob Sie nicht eine erste Ausrüstung PSA mitliefern!

Gefährdungen durch unangepasste Beleuchtung

Nicht immer sind die Beleuchtungsverhältnisse klar festgelegt und vom Kunden akzeptiert, wie dies z.B. am Schreibtisch der Fall ist. Viele Geräte müssen einfach bedienbar sein oder eigene Lichtquellen enthalten, um sicher betrieben zu werden!

O **Nicht relevant** oder

O Relevant/zutreffend an folgender Stelle am Gerät:

in der Lebensphase	theoretisch denkbare Folge:
O Einrichten	leichte oder schwere Verletzung
O Normalbetrieb	leichte oder schwere Verletzung
O Reinigung	leichte oder schwere Verletzung
O Wartung oder Reparatur	leichte oder schwere Verletzung

Die Gefährdung ist minimiert durch:

    O   verbesserte Konstruktion, die diese Gefahr vermeidet

    O   Abdeckung / Isolation, konstruktiv vermieden (Stelle nur mit Werkzeug erreichbar)

    O   Durch Warnhinweise am Gerät und in der Bedienungsanleitung auf sicheres Maß verringert

Ergebnis: O Die Gefährdung ist auf ein sicheres Maß verringert.

    O Das Gerät ist nicht ce-konform. Das Gerät kann so nicht verkauft werden; weitere Arbeiten sind erforderlich!

Hinweise: oft kann man sich durch Hinweise wie „eine ausreichende örtliche Beleuchtung ist vorzusehen" formal absichern, in der Praxis kommt es aber darauf an, wie hoch das Gefahren-potenzial ist und ob der Kunde die Gefahr erkennt! Bei Fachpersonal für Wartung etc. darf oft eine Lampe vorausgesetzt werden!

Gefährdungen durch Fehlverhalten

Gemeint sind Gefährdungen durch geistige Über- oder Unterbeanspruchung und menschliches Fehlverhalten. Wer Unfälle an komplexen Geräten untersucht hat, hat oft diese Erklärungen:

- Überforderung, der Bediener hat die Relevanz von vielen Schritten des Arbeitsprozesses nicht erkannt oder
- die Unterforderung, die Maschine sieht so narrensicher aus, dass sich der Mensch wie ein Narr benimmt und anschließend verunfallt,
- oder auch die Nichtakzeptanz von Sicherheitseinrichtungen als eigentliche Unfallursache.

O Nicht relevant

O Relevant/zutreffend an folgender Stelle am Gerät:

in der Lebensphase   theoretisch denkbare Folge:

O Einrichten   leichte oder schwere Verletzung

O Normalbetrieb   leichte oder schwere Verletzung

O Reinigung   leichte oder schwere Verletzung

O Wartung oder Reparatur   leichte oder schwere Verletzung

Die Gefährdung ist minimiert durch:

- O verbesserte Konstruktion, die diese Gefahr vermeidet
- O Abdeckung / Isolation, konstruktiv vermieden (Stelle nur mit Werkzeug erreichbar)
- O Durch Warnhinweise am Gerät und in der Bedienungsanleitung auf sicheres Maß verringert

Ergebnis: O Die Gefährdung ist auf ein sicheres Maß verringert.

O Das Gerät ist nicht ce-konform. Das Gerät kann so nicht verkauft werden; weitere Arbeiten sind erforderlich!

Hinweis: Diese Gefahr ist insbesondere bei sicher aussehenden Geräten der größte Fehlerposten. Sie sollten deshalb unbedingt überlegen, was der Kunde falsch machen kann und was dann passiert!

Gefährdungen durch Störung der Energieversorgung

Der Klassiker ist die eingeschaltete Bohrmaschine, die nach der Wiederherstellung der Stromzufuhr selbsttätig zu bohren beginnt. Nicht jedes Gerät kann eigensicher sein!

O **Nicht relevant**

O Relevant/zutreffend an folgender Stelle am Gerät:

in der Lebensphase	theoretisch denkbare Folge:
O Einrichten	leichte oder schwere Verletzung
O Normalbetrieb	leichte oder schwere Verletzung
O Reinigung	leichte oder schwere Verletzung
O Wartung oder Reparatur	leichte oder schwere Verletzung

Die Gefährdung ist minimiert durch:

    O   verbesserte Konstruktion, die diese Gefahr vermeidet

    O   Abdeckung / Isolation, konstruktiv vermieden (Stelle nur mit Werkzeug erreichbar)

    O   Durch Warnhinweise am Gerät und in der Bedienungsanleitung auf sicheres Maß verringert

Ergebnis: O Die Gefährdung ist auf ein sicheres Maß verringert.

    O Das Gerät ist nicht ce-konform. Das Gerät kann so nicht verkauft werden; weitere Arbeiten sind erforderlich!

Hinweise: bei Holzsägen ist der Wiederanlaufschutz üblich. Jede Maschinensteuerung, die eine gefährliche Bewegung auslöst, muss durch eine willentliche Bewegung („von Hand") gestartet werden.

Gefährdungen durch Versagen von Geräteteilen

Hier sind Fehler in Sicherheitseinrichtungen erfasst, die gefährliche Situationen wie das Austreten von Teilen oder Flüssigkeiten normalerweise verhindern. Klassiker ist der defekte Bohrmaschinenschalter, weshalb eine Bohrmaschine einen erreichbaren Stecker haben soll. Denkbar sind aber auch Störungen durch fehlerhafte Montage etc. oder auch durch Ausfall von Schutzeinrichtungen. Falls Sie so etwas haben, sollten Sie ggf. prüfen, ob hier nicht die Maschinenrichtlinie anzuwenden ist!

Weitere denkbare Fehler sind der Ausfall von Bremseinrichtungen, der Ausfall von Signalen oder Warneinrichtungen.

O   Nicht relevant

O   Relevant/zutreffend an folgender Stelle am Gerät:

in der Lebensphase	theoretisch denkbare Folge:
O Einrichten	leichte oder schwere Verletzung
O Normalbetrieb	leichte oder schwere Verletzung
O Reinigung	leichte oder schwere Verletzung
O Wartung oder Reparatur	leichte oder schwere Verletzung

Die Gefährdung ist minimiert durch:

    O   verbesserte Konstruktion, die diese Gefahr vermeidet

    O   Abdeckung / Isolation, konstruktiv vermieden (Stelle nur mit Werkzeug erreichbar)

    O   Durch Warnhinweise am Gerät und in der Bedienungsanleitung auf sicheres Maß verringert

Ergebnis: O Die Gefährdung ist auf ein sicheres Maß verringert.

    O Das Gerät ist nicht ce-konform. Das Gerät kann so nicht verkauft werden; weitere Arbeiten sind erforderlich!

Gefährdungen durch Kombination von Gefährdungen

Wem der vorhergehende Punkt nicht reicht, der kann sich durch die Addition von Gefährdungen und ggf. dem Ausfall von Schutzeinrichtungen Situationen ausmalen, die gefährlich sind. Aber bitte denken Sie praxisgerecht, also eher in wirklich annehmbare Situationen, sogenannte vorhersehbare Fehlanwendung!

O   **Nicht relevant**

O   Relevant/zutreffend an folgender Stelle am Gerät:

in der Lebensphase   theoretisch denkbare Folge:

O Einrichten   leichte oder schwere Verletzung

O Normalbetrieb   leichte oder schwere Verletzung

O Reinigung   leichte oder schwere Verletzung

O Wartung oder Reparatur   leichte oder schwere Verletzung

Die Gefährdung ist minimiert durch:

    O   verbesserte Konstruktion, die diese Gefahr vermeidet

    O   Abdeckung / Isolation, konstruktiv vermieden

    O   Durch Warnhinweise am Gerät und in der Bedienungsanleitung auf sicheres Maß verringert

Ergebnis: O Die Gefährdung ist auf ein sicheres Maß verringert.

    O Das Gerät ist nicht ce-konform. Das Gerät kann so nicht verkauft werden; weitere Arbeiten sind erforderlich!

Gefährdungen durch Ausfall von Bedienelementen

Der lange Titel lautet Gefährdungen durch Ausfall etc. von Signalen und Abschalteeinrichtungen. Hier sind die denkbaren Gefahrensituationen durch

- falsche Anordnung von Abschalteeinrichtungen
- falsche Anordnung von Signalen oder Warnhinweisen
- falsche Anordnung oder Einsatz von Notfallmaßnahmen

zusammen gefasst.

O **Nicht relevant**

O Relevant/zutreffend an folgender Stelle am Gerät:

in der Lebensphase   theoretisch denkbare Folge:

O Einrichten   leichte oder schwere Verletzung

O Normalbetrieb   leichte oder schwere Verletzung

O Reinigung   leichte oder schwere Verletzung

O Wartung oder Reparatur   leichte oder schwere Verletzung

Die Gefährdung ist minimiert durch:

- O verbesserte Konstruktion, die diese Gefahr vermeidet
- O Abdeckung / Isolation, konstruktiv vermieden
- O Durch Warnhinweise am Gerät und in der Bedienungsanleitung

Ergebnis: O Die Gefährdung ist auf ein sicheres Maß verringert.

O Das Gerät ist nicht ce-konform. Das Gerät kann so nicht verkauft werden; weitere Arbeiten sind erforderlich!

Hinweise: Oft spotte ich, wenn jemand im Auto nicht den Regler für die Lautstärke findet. Aber sind Sie sich bei Ihrem Gerät sicher, auch in Extremfällen sofort den Schalter oder Regler zu finden und richtig zu betätigen?

Gefährdungen durch Fehler bei der Ableitung von Gasen

Ausrüstung zur Ableitung von Gasen muss dauerhaft sicher installiert sein!

O **Nicht relevant**

O Relevant/zutreffend an folgender Stelle am Gerät:

in der Lebensphase   theoretisch denkbare Folge:

O Einrichten   leichte oder schwere Verletzung

O Normalbetrieb   leichte oder schwere Verletzung

O Reinigung   leichte oder schwere Verletzung

O Wartung oder Reparatur   leichte oder schwere Verletzung

Die Gefährdung ist minimiert durch:

    O   verbesserte Konstruktion, die diese Gefahr vermeidet

    O   Abdeckung / Isolation, konstruktiv vermieden

    O   Durch Warnhinweise am Gerät und in der Bedienungsanleitung

Ergebnis: O Die Gefährdung ist auf ein sicheres Maß verringert.

    O Das Gerät ist nicht ce-konform. Das Gerät kann so nicht verkauft werden; weitere Arbeiten sind erforderlich!

Hinweise: Normen wie EN 60335 für Haushaltsgeräte oder die EN 61010 für Laborgeräte enthalten hier schon ausführliche Vorgaben.

Gefährdungen durch fehlerhafte Wartung

Bei Wartungszwecken werden oft sicherheitsrelevante Teile überbrückt oder ausgebaut. Der anschließende Zusammenbau muss mögliche Fehler erkennen lassen!

O   Nicht relevant

O   Relevant/zutreffend an folgender Stelle am Gerät:

in der Lebensphase	theoretisch denkbare Folge:
O Einrichten	leichte oder schwere Verletzung
O Normalbetrieb	leichte oder schwere Verletzung
O Reinigung	leichte oder schwere Verletzung
O Wartung oder Reparatur	leichte oder schwere Verletzung

Die Gefährdung ist minimiert durch:

- O   verbesserte Konstruktion, die diese Gefahr vermeidet
- O   Abdeckung / Isolation, konstruktiv vermieden
- O   Durch Warnhinweise am Gerät und in der Bedienungsanleitung auf sicheres Maß verringert

Ergebnis: O Die Gefährdung ist auf ein sicheres Maß verringert.

O Das Gerät ist nicht ce-konform. Das Gerät kann so nicht verkauft werden; weitere Arbeiten sind erforderlich!

Hinweis:

Zusätzlich sind in Europa Wartungsvorgaben der Unfallversicherer sowie der Hersteller zu beachten, am bekanntesten sind die Vorgaben bei auf Baustellen eingesetzten elektrischen Ausrüstungen (BGV A3 usw.)

Dokumentation und Ausblick

Die nun von Ihnen fertig gestellte Risikobewertung ist nur ein Teil Ihrer Produktdokumentation. Es ist nicht ungewöhnlich, wenn dieses Büchlein oder Teile davon mit Ihren Anmerkungen in der Dokumentation zu finden ist.

Die Niederspannungsrichtlinie (Quelle: Niederspannungsrichtlinie Anhang III Modul A) erfordert als Dokumentationsbestandteile:

- eine allgemeine Beschreibung des Geräts, was z. B. die Bedienungsanleitung sein kann;
- einen Schaltplan, mindestens aller Baugruppen, nicht aber bis in die Details eines Mikroprozessors hinein;
- Angaben zu Normen und wie die Einhaltung der darin genannten Anforderungen nachgewiesen wird; dieses Thema ist auch für die Konformitätserklärung wichtig.

Was in der Niederspannungsrichtlinie nicht enthalten ist, sind Anforderungen wie in der Funkanlagen-Richtlinie (RED) z. B. zum Datenschutz, natürlich nur wenn überhaupt Daten verarbeitet werden.

Entsorgungsprobleme wurden bei dieser Risikobewertung absichtlich weggelassen, um eine übersichtlichere Tabelle zu erhalten.

Auch die Eco-Design-Vorgaben habe ich hier nicht eingebaut, da diese meines Erachtens nichts mit Sicherheit zu tun haben. Sie können das aber gerne anders bewerten ….

Sie können auch die hier vorgeschlagene Risikobewertung gerne ausweiten, sollten aber das Ziel, eben alle Gefahren ermitteln, bewerten und ggf. weiter verringern, nicht aus dem Blick verlieren.

Literaturverzeichnis

Die nachfolgend genannten Werke stellen nur einen kleinen Teil dessen dar, was auf dem Markt an Literatur in diesem Umfeld zu finden ist, wobei insbesondere die Software Niederspannungscheck vom WEKA-Verlag zu erwähnen ist:

- **Barth, Christoph/Hamacher, Horst W./Wienhold, Lutz/Höhn, Katrin/Lehder, Günter:** Anwendung des Geräte- und Produktsicherheitsgesetzes. Leitfaden für Hersteller, Importeure, Händler und Dienstleister. Sicherheit – Gesundheit – Wettbewerbsfähigkeit. Hrsg. von der Bundesanstalt für Arbeitsschutz und Arbeitsmedizin, Dortmund. Wirtschaftsverlag NW, Verlag für neue Wissenschaft GmbH, Bremerhaven 2008.
- **Berghaus, Hartwig/Langner, Dirk**: Das CE-Zeichen. Richtlinientexte, Fundstellen der harmonisierten Normen, Zertifizierungsstellen, Prüfstellen. Hanser-Verlag, München 1994. Seitdem zahlreiche Ergänzungen in der Loseblattsammlung.
- **Berufsgenossenschaft der Feinmechanik und Elektrotechnik (BGFE):** Gefahren des elektrischen Stroms. Köln 2005.
- **Energy 2.0 Zukunft Energie:** Das Kompendium 2014. Siehe auch andere Schriften des Publish Industry-Verlags, München.
- **Europäische Kommission (Hrsg.):** Leitfaden für die Umsetzung der nach dem neuen Konzept und dem Gesamtkonzept verfassten Richtlinien (Spitzname: „Blue Guide"). Amt für amtliche Veröffentlichungen der Europäischen Gemeinschaften. Luxemburg 2014.
- **Europäische Kommission (Hrsg.):** Leitfaden zur Anwendung der Richtlinie 2006/95/EG (Niederspannungsrichtlinie). Luxemburg, Amt für amtliche Veröffentlichungen der Europäischen Gemeinschaften, August 2007 (deutsche Fassung März 2008).
- **Europäische Kommission (Hrsg.):** Produktsicherheit in Europa: Ein Leitfaden für Korrekturmaßnahmen einschließlich Rückrufen. Amt für amtliche Veröffentlichungen der Europäischen Gemeinschaften. Luxemburg 2004.
- **Horstkotte, Jo:** CE-Kennzeichnung nach EMV- und Niederspannungsrichtlinie. Franzis-Verlag, Poing 1996.
- **Horstkotte, Jo:** NiederspannungsCheck (Online- bzw. Softwarelösung auf CD). WEKA Media, Kissing. Seit 2004 halbjährliche Updates, aktuell Version 3.7 (Juni 2016).
- **Horstkotte, Jo:** Funkanlagenrichtlinie 2014/53/EU (RED) für Praktiker, BoD 2016
- **Moritz, Dirk:** Das Geräte- und Produktsicherheitsgesetz (GPSG). Gesetzestext, amtliche Begründung und Erläuterungen. VDE-Verlag, Offenbach 2005.
- **Schmatz, Hans/Nöthlichs, Matthias:** Geräte- und Produktsicherheitsgesetz. Loseblattwerk seit 1990. Erich Schmidt Verlag, Berlin 2005.
- **Sick Vertriebs-GmbH (Hrsg.):** Safety Pocket Reader – Theorie und Praxis der Normen für Europa. Werbeschrift, GIT-Verlag 2006.
- **Tolke, Benjamin:** Die CE-Kennzeichnung einer Mehrfachsteckdose. GRIN Verlag, München 2006. (Seminararbeit 2006)
- **WEKA-Verlag (Hrsg.):** Harmonisierte Normen für die CE-Kennzeichnung, Weka-Verlag Kissing 2011.